LES
OPÉRATIONS INTERDITES

AUX

OFFICIERS DE SANTÉ

ABSENCE DE SANCTION PÉNALE

PAR

T. GALLARD
Médecin de l'hôpital de la Pitié
Secrétaire général de la Société de médecine légale, etc.

PARIS

LIBRAIRIE J.-B. BAILLIÈRE ET FILS
Rue Hautefeuille, 19, près le boulevard Saint-Germain

1878

PARIS. — IMPRIMERIE DE E. MARTINET, RUE MIGNON, 2.

LES OPÉRATIONS INTERDITES

AUX OFFICIERS DE SANTÉ

ABSENCE DE SANCTION PÉNALE. — LACUNES DE LA LOI RELA-
TIVE A L'EXERCICÉ DE LA MÉDECINE. — NÉCESSITÉ D'UNE
LÉGISLATION NOUVELLE,

Lorsque la loi de ventôse an XI a créé deux ordres de
médecins, elle a eu incontestablement pour but d'apporter
à l'exercice des praticiens du second ordre, appelés « *officiers de santé* », un certain nombre de restrictions qui ne
devaient pas leur permettre de jouir des mêmes droits ni
des mêmes prérogatives que les docteurs.

Or, cette loi a eu la mauvaise fortune de ne jamais être appliquée dans aucune de ses parties les plus essentielles ; et
l'expérience quotidienne ne fait que confirmer ses imper-
fections et son impuissance, reconnues dès le lendemain du
jour où elle a été promulguée.

La première et la plus éclatante de ses défaillances ou de
ses illusions a consisté dans la répartition des deux ordres
de médecins. Il suffit de se reporter à l'exposé des motifs et
à la discussion qui a précédé le vote de la loi pour bien se
rendre compte de la pensée du législateur. Craignant que
les docteurs, après de longues et sérieuses études, après de
lourds sacrifices d'argent et de temps pour conquérir leur
grade, ne trouvassent pas dans la pratique rurale une rému-
nération suffisante, on avait voulu ménager aux pauvres
gens de la campagne, aux habitants des petits hameaux
éloignés des centres populeux, la possibilité de recevoir les

secours, plus modestes sans doute, mais en même temps plus à leur portée, de l'officier de santé, que son instruction moins complète devait rapprocher des populations dont la culture intellectuelle est le moins élevée (1). Or, c'est juste-

(1) *Exposé des motifs de la loi présentée le 7 ventôse an XI (26 fé-vrier 1803) par le citoyen Fourcroy :*

« Il fallait pourvoir à une autre nécessité plus pressante encore que
» celle de former et de recevoir des docteurs en médecine et en chirur-
» gie. Les soins dus aux habitants des campagnes, le traitement des ma-
» ladies légères, celui d'une foule de maux qui, pour céder à des moyens
» simples, n'en demandent pas moins quelques lumières, supérieures à
» celles du commun des hommes, exigeaient qu'on substituât aux chi-
» rurgiens anciens, reçus dans les communautés, des hommes assez
» éclairés pour ne pas compromettre sans cesse la santé de leurs con-
» citoyens. »

Rapport de Thouret au Tribunat, 16 ventôse an XI (7 mars 1803) :

« Les officiers de santé sont bornés aux soins les plus ordinaires, aux
» procédés les plus simples de l'art, ils porteront les premiers secours
» aux malades, aux blessés, traiteront les affections les moins graves,
» s'occuperont des pansements communs et journaliers ; et, *leur science*
» *principale devant consister à reconnaître les cas où ils ne doivent pas*
» *agir,* ils formeront, sans doute, une classe moins relevée dans la hié-
» rarchie médicale... C'est à porter des secours dans les campagnes, c'est
» à soigner le peuple industrieux et actif, qu'ils seront spécialement
» appelés ; la partie la plus nombreuse des familles, la classe la plus
» étendue de la population de l'État seront confiées à leurs soins, leurs
» fonctions seront plus modestes, etc., etc. »

Tribunat, 17 ventôse an XI, (8 mars 1803).

Carret du Rhône : « Les habitants des campagnes, ayant des mœurs
» plus pures que ceux des villes, ont des maladies plus simples qui
» exigent, par cette raison, moins d'instruction et moins d'apprêts.
» D'ailleurs, lorsque les hommes ont fait de grands sacrifices pour leur
» éducation et qu'ils ont acquis une connaissance profonde de la méde-
» cine, il serait tout à la fois injuste et difficile de les obliger à enfouir
» leurs talents dans les campagnes. »

Corps législatif. — 19 ventôse (10 mars 1803). *Jard-Panvilliers :*

« On a cru devoir admettre à l'exercice de l'art de guérir une autre
» classe de praticiens qui seront désignés sous la dénomination d'*officiers*
» *de santé.* Cette disposition a pour objet : 1° de ne pas écarter de la
» profession de la médecine des jeunes gens qui auraient un goût par-
» ticulier pour cet état, mais qui, à raison de la première éducation

ment le contraire qui est arrivé ; et toutes les statistiques démontrent qu'il s'établit absolument et proportionnellement plus d'officiers de santé dans les villes et dans les centres populeux que dans les campagnes, où ce sont les docteurs qui dominent.

» qu'ils auraient reçue et du défaut de fortune de leurs parents, ne
» pourraient pas remplir les conditions exigées pour être reçus docteurs
» dans une des écoles spéciales de médecine : 2° de procurer aux habi-
» tants des campagnes les secours dont ils peuvent avoir besoin dans les
» cas de blessures ou de maladies légères, auxquelles ils sont sujets.

» Il s'est élevé, à cet égard, beaucoup de réclamations fondées sur
» divers motifs. On a dit, d'abord, que la vie des habitants des cam-
» pagnes, pour qui la classe des officiers de santé paraissait être créée,
» et qui compose la très-grande majorité de la population de la République
» était au moins aussi précieuse que celle des habitants des villes ; que
» la conservation de la santé des uns devrait être, par conséquent,
» l'objet de la sollicitude du gouvernement comme celle des autres, et
» que pour remplir ce devoir il fallait exiger la même instruction et les
» mêmes preuves de capacité de la part de ceux qui étaient destinés à
» leur donner des soins en cas de maladie, que de la part de ceux qui
» voudraient exercer la médecine ou la chirurgie dans les villes.

» Les prémisses de ce raisonnement sont des vérités incontestables ;
» elles sont gravées dans le cœur de tous les amis de l'humanité, et le
» gouvernement les a sûrement senties aussi bien que qui que ce soit ; il
» n'est pas douteux qu'il n'ait désiré pouvoir réaliser les conséquences
» qu'on a tirées ; mais, malheureusement, ces conséquences sont du
» nombre des idées spéculatrices dictées par une louable philanthropie
» et que la nature des choses rend impraticables.

» Oui, sans doute, il serait à désirer qu'il y eût dans chaque commune,
» de campagne surtout, un médecin ou chirurgien véritablement
» instruit, qui fût à portée de donner des secours prompts et efficaces
» à tous ceux qui en auraient besoin. Mais, comment déterminerez-vous
» un homme tel que vous le souhaitez à faire le sacrifice des dépenses
» considérables que lui aura coûtées sa première éducation et des avan-
» tages qu'il pourra retirer de son instruction, pour exercer obscuré-
» ment et sans espoir de gloire ni de fortune les talents qu'il aura
» acquis à grands frais ?

» Peut-être en citerez-vous quelques exemples. Je sais qu'il est des
» philosophes, amis de la nature et des hommes, qui se plaisent dans
» la retraite et dans le désintéressement ; malheureusement ils ne sont
» pas en grand nombre. Mais, quel est l'objet de la plupart des pères de

Il est vrai que ce désir de voir les officiers de santé relégués à la campagne n'était qu'une simple aspiration du législateur, et qu'il n'a pas été formulé en texte de loi; mais, l'eût-il été, qu'il ne serait pas plus respecté pour cela, à en juger du moins par ce qui arrive pour les prescriptions les plus claires et les plus nettement exprimées.

» famille qui font pour l'éducation de leurs enfants des sacrifices considérables, tels qu'il en a toujours fallu et qu'il en faudra encore désormais pour se perfectionner dans l'étude de la médecine?

» N'est-ce pas de leur procurer les moyens d'acquérir de la fortune, des agréments et de la considération dans la société? N'est-ce pas là même le mobile de l'émulation des jeunes gens qui renoncent souvent aux plaisirs de leur âge et consacrent leurs veilles à une étude assidue et souvent rebutante, pour acquérir un jour de la célébrité dans l'état qu'ils ont embrassé? Croyez-vous qu'il soit dans la nature de l'homme de s'imposer tant de peines et de privations, sans espoir d'en être dédommagé par les agréments que donnent l'aisance et la considération qui accompagnent les succès dans une profession importante? Non, sans doute. Or, dans quelle position peut-on obtenir tous ces avantages? Ce n'est pas dans une commune peu populeuse, ni au milieu d'un petit nombre de familles sans fortune, dont l'obscurité et la vie simple sont un bien qui, en général, n'est apprécié que par ceux qui sont revenus des illusions auxquelles la plupart des hommes se livrent dans la société. Les villes, ou du moins les communes d'une population un peu considérable, sont donc les seuls endroits où l'on peut espérer de fixer des médecins ou chirurgiens qui auront eu les moyens et le désir d'acquérir assez d'instruction pour se distinguer dans leur état.

» Peut-être me dira-t-on qu'il y aura nécessairement des degrés dans l'instruction ou l'habileté de ceux qui seront reçus dans les écoles spéciales, et que les moins instruits, étant obligés de céder la place à ceux qui se seront le plus distingués, seront déterminés par leur propre intérêt à s'établir dans les endroits où ils auraient moins à redouter la concurrence. Je conviens de tout cela; et même je suis persuadé qu'à l'avenir il y aura des docteurs dans tous les lieux où ils pourront exister honorablement; qu'il y en aura même partout, et assez pour que dans toutes les campagnes on soit à portée d'en consulter un dans le cas d'accidents et de maladies graves. C'est pourquoi je ne partage pas la crainte de ceux qui pensent que les habitants des campagnes seront privés des conseils et des secours d'un docteur en médecine ou en chirurgie, lorsqu'ils en auront besoin et qu'ils voudront y avoir re-

C'est ainsi que la défense faite à l'officier de santé d'exercer dans un autre département que celui où il a fixé sa résidence et pour lequel il a été reçu, est journellement éludée.
On a été frappé, et cela se comprend, de cette singularité
de la loi qui, étant donné un individu habitant sur la limite

» cours. Mais il me paraît démontré, par la raison et par la nature des
» choses, qu'un docteur qui aura reçu l'éducation préliminaire indis-
» pensable pour être admis à l'école spéciale, qui aura subi les examens
» et payé les frais d'études et de réception exigés par la loi, n'ira pas
» s'établir dans un lieu où il n'aurait pas la certitude d'être indemnisé
» de ses dépenses et de son travail, comme cela arriverait dans la plupart
» des communes de campagne. »

M. *Fourcroy :*

« .....Une des principales dispositions du projet de loi sur l'exercice
» de l'art de guérir divise tous ceux qui s'y livrent en deux grandes
» classes, celle des docteurs qui ont approfondi la science et qui, élèves
» des écoles de médecine, doivent y être examinés et reçus, et celle des
» officiers de santé qui, *plus exercés à la pratique que savants et pro-*
» *fonds dans la théorie, destinés à traiter les maladies légères, à remé-*
» *dier aux accidents primitifs, aux simples indispositions*, recevront leur
» titre de jurys formés dans chaque département. Les premiers pour-
» ront exercer la médecine ou la chirurgie dans toute la République, se
» livrer à toutes les parties, à toutes les branches de cet art salutaire,
» parce qu'aucune ne devra leur être étrangère, et parce que les
» épreuves qu'ils auront subies donneront une garantie suffisante de
» leur savoir. Les seconds, au contraire, ne pourront pratiquer les
» branches les plus simples de l'art de guérir que dans le département
» où ils auront été reçus, parce qu'ils pourront être plus immédiatement
» surveillés dans leur profession ; parce que, plus près de la puissance
» morale qui leur aura confié leur état, ils pourront moins s'égarer dans
» la route et quitter la ligne de leurs devoirs. Il serait sans doute à
» désirer que tous les individus consacrés au soin des malades pussent
» être également aussi profondément instruits, que tous acquissent le
» degré de connaissances qui sera exigé des docteurs en médecine et en
» chirurgie. »

Discours du ministre de l'intérieur à la Chambre des pairs, en 1826 :

« Jamais on ne déterminera les habiles médecins de nos cités à se
» fixer dans les campagnes, où ils ne trouveraient ni la juste récom-
» pense de leurs travaux, ni les relations sociales dont une éducation
« soignée et des connaissances étendues leur ont fait un besoin.

de deux départements, sera autorisé à exercer la médecine dans toute l'étendue de l'un de ces départements, jusqu'à son extrémité la plus éloignée, et n'aura plus qualité suffisante pour donner des soins à un malade résidant à quelques pas de sa demeure, à un ancien client qui, changeant de résidence ou tout simplement de domicile, sera allé ha-

» D'un autre côté, il y aurait plus que de la hardiesse à priver entiè-
» rement les campagnes de ces médecins de second ordre qu'elles pos-
» sèdent aujourd'hui. Si on les leur retire, l'habitant des villages s'adres-
» sera au charlatan. L'animal souffre et se tient coi, l'homme ne se ré-
» signe pas à la maladie. Dès qu'il en est atteint, il veut qu'on lui procure
» la guérison, ou du moins qu'on la lui promette, et, plutôt que de ne
» faire aucun remède, il se fera estropier par le rebouteur ou empoi-
» sonner par l'empirique. *Laissons donc aux villages ces médecins d'une*
» *instruction modeste*, qui, s'ils ne guérissent pas toujours, ne risquent
» pas du moins la vie de leurs malades par des remèdes hasardés. »
Discours de Cuvier à la Chambre des Pairs, 1826 :
« On a dit que les écoles secondaires produisaient des demi-médecins
» pour soigner les demi-malades des campagnes. Le mot est plaisant ;
» mais l'idée en est plus juste que ne le croyait celui qui l'a proféré ; et
» nous acceptons la proposition dans son intégralité. Nos élèves n'auront
» ni le savoir varié, ni le langage spirituel et élégant des docteurs des
» villes ; ils ne traiteront pas ces maladies fugaces, multiformes des
» riches, les maux de nerfs des femmes délicates, ni cette souffrance
» des hommes disgraciés qu'un ministre philosophe appelait l'ambition
» rentrée ; mais ils n'auront pas besoin de les traiter ; elles ne se pré-
» senteront pas à eux ; ce seront des hommes modestes, parlant le lan-
» gage de ceux à qui ils auront à porter des secours, ayant une pra-
» tique solide, *sachant distinguer les maladies simples, ordinaires aux*
» *gens de la campagne*, et y appliquer à l'instant les remèdes simples
» qui leur conviennent. Car, même pour les maladies chroniques, on
» aura le temps de réclamer les conseils des médecins de la ville. »
» . . . .
» Un vrai médecin est un homme qui, préparé par des études sévères
» dans les lettres et dans les sciences, possédant les langues anciennes
» et les auteurs classiques, a approfondi les deux plus grands problèmes
» de la nature, le cœur et le corps de l'homme ; il doit s'élever à toutes
» les hauteurs de la métaphysique, à ce qu'elle a de plus incompréhen-
» sible, l'union de l'âme et du corps. Il doit connaître tous les replis,
» toutes les bizarreries du cœur ; il doit savoir compatir à ses faiblesses,

biter dans un hameau voisin, et souvent même n'aura fait
que traverser une rue, se placer de l'autre côté d'un ruis-
seau, d'un fossé, ou même d'une ligne purement idéale pour
se trouver sur le territoire d'un autre département.

Personne n'était disposé à se soumettre à d'aussi étranges
exigences, pas plus le client que le médecin ; et si l'un ne

» en deviner les secrets et les garder ; dans la partie purement physique
» de ses travaux, il embrasse encore la science la plus compliquée de
» toutes, celle à laquelle la plus longue vie suffirait à peine, celle de
» tous ces innombrables ressorts qui agissent et réagissent dans le
» corps animé, des rapports qui les unissent, des causes qui président à
» leur action, qui l'affaiblissent ou l'exaltent outre mesure ; il faut,
» enfin, qu'il soit chimiste, naturaliste, physicien. On est véritablement
» effrayé de tout ce qu'un vrai médecin doit savoir, du temps, des
» efforts qu'il doit consacrer à son objet ; et l'on n'est pas moins en
» admiration devant le courage de ceux qui entrent dans cette carrière,
» que devant le génie et le talent de ceux qui parviennent à y réussir.
» Maintenant, messieurs, est-il naturel d'espérer qu'un homme élevé
» à ce degré au-dessus de ses semblables, qu'un homme qui trouve à
» peine dans la société la plus distinguée, à converser, à placer ses
» idées, veuille se confiner à la campagne, au milieu d'êtres hors d'état
» de comprendre son langage, réduit à vivre avec lui seul, loin de tout
» ce qui avait fait le charme et le bonheur de sa jeunesse ? N'est-il pas
» tout simple, au contraire, qu'il aime mieux végéter dans une ville,
» où il peut, du moins, occuper son esprit, que de s'établir dans une
» campagne où il n'aurait que quelques avantages lucratifs ?
» Mais encore, messieurs, ces avantages quels seraient-ils ? Et ici je
» dois entrer dans des considérations qui, pour être moins nobles, n'en
» sont pas moins légitimes. Les avances considérables qu'un docteur est
» obligé de faire pendant douze ou quinze ans au moins, que doivent
» nécessairement durer ses études littéraires et scientifiques, son séjour
» dans une grande ville, les frais de ses inscriptions, de ses examens,
» des cours particuliers qu'il est toujours obligé de suivre pour suppléer
» à ces improvisations éloquentes tant vantées, mais si peu utiles pour
» une instruction solide, ces avances, disons-nous, trouveront-elles la
» juste compensation qui leur est due dans les misérables rétributions
» que peuvent lui offrir les ouvriers des campagnes. »
*Chambre des Pairs, séance du 4 juin 1847. — Discussion d'un projet
de loi portant organisation générale de l'enseignement de la médecine :*
M. *Cousin :* « A côté du maître d'école, à côté d'un bon curé de

T. GALLARD.   2.

pouvait consentir à se priver des soins du médecin auquel il avait eu recours depuis son enfance, qui souvent l'avait vu naître, qui l'avait assisté dans toutes les maladies dont lui et ses proches avaient pu être atteints depuis longues années, qui avait ainsi conquis des droits incontestables à son estime et à sa confiance ; l'autre ne pouvait se dispenser de continuer ces soins quand on venait faire appel autant à son dévouement qu'à ses connaissances médicales.

C'est pourquoi, si l'on a pu voir les tribunaux prononcer, bien à regret (1), des condamnations pour exercice illégal de la médecine dans ces conditions, on a toujours trouvé le moyen de mettre fin aux poursuites qu'imposait cette infraction à la lettre de la loi, en faisant subir à l'officier de

» campagne, *j'aime à placer un officier de santé, né de parents trop*
» *peu riches pour aspirer à la haute et coûteuse instruction des Facul-*
» *tés*, dont tous les frais d'étude n'ont pas excédé 200 francs, qui a
» vécu quelques années dans une ville de province, d'une vie assez peu
» différente de celle qui l'attend ; un officier de santé qui n'est, il est
» vrai, ni bachelier ès lettres, ni bachelier ès sciences, qui ne sait ni les
» mathématiques, ni le grec, ni la métaphysique, qui n'est pas en état
» de lire Hippocrate et Galien dans leur langue, pas plus que Thucy-
» dide, Démosthène ou Platon, qui ne connaît pas les parties fines et un
» peu romanesques de la physiologie la plus récente, qui n'est versé ni
» dans l'histoire ni dans la philosophie de la médecine, qui n'a appris
» que ce qu'on n'a pas besoin de jamais désapprendre, non l'incertain
» et l'hypothèse, mais l'incontesté et l'indispensable : *voilà le vrai mé-*
» *decin de campagne*. Il est le confident, le conseiller, le consolateur
» du pauvre, parce qu'il en est presque le compagnon. »

Après avoir entendu cette éloquente énumération de tout ce que doit ignorer l'officier de santé, les membres de la Chambre des Pairs ont dû se demander s'il pouvait bien réellement savoir quelque chose ; aussi n'ont-ils pas hésité à voter la suppression du second ordre de médecins, en adoptant le projet de loi présenté par M. de Salvandy, conformément aux vœux formulés par le congrès médical de 1845.

(1) Suivant un arrêt, dont la décision, du reste, est isolée, la défense faite à l'officier de santé d'exercer la médecine en dehors de son département serait dépourvue de sanction pénale. — 5 août 1850. Paris (Alorge) D. P. 51, 2. 171. Dalloz. *Table alphabétique : Art de guérir*, § 11. t. I, p. 90.

santé placé dans cette étrange situation, un second examen qui lui permît d'exercer à la fois dans les deux départements.

Je doute fort que cet expédient soit parfaitement correct au point de vue juridique et légal, et je ne sais si la Cour de cassation a jamais été appelée à le consacrer ; mais, en fait, il est accepté partout, et il en résulte que la restriction apportée par la loi de ventôse à l'exercice de la médecine par les officiers de santé, en limitant cet exercice à un seul département, est parfaitement illusoire, car il suffirait à un individu de subir 87 examens consécutifs, pour avoir le droit d'exercer dans les 86 départements et dans l'arrondissement de Belfort, absolument au même titre qu'un docteur en médecine.

Que reste-t-il donc des restrictions que la loi a prétendu imposer aux médecins du second ordre ? La défense de faire une grande opération chirurgicale sans l'assistance d'un docteur en médecine. Mais c'est alors que surgit une nouvelle difficulté, celle de savoir ce qu'il faut entendre par une grande opération chirurgicale, et d'établir la limite qui sépare ce qui est permis à l'officier de santé, de ce qui lui est défendu.

Là encore, la loi a eu des aspirations platoniques, qu'elle s'est trouvée impuissante à traduire en fait. Elle aurait bien voulu, comme le prouvent les citations reproduites en notes au bas des pages précédentes, pouvoir dire : l'officier de santé ne devra pas entreprendre ou continuer le traitement d'une maladie grave et difficile à soigner, sans avoir recours aux lumières et à l'assistance d'un docteur. Mais, comment connaître une maladie grave ? par qui et dans quelles conditions établir que les attributions seraient dépassées ? Cela n'était pas possible ; aussi a-t-on dû renoncer à parler des maladies graves et s'est-on borné à mentionner les « grandes opérations chirurgicales », parce qu'il y a là (on le pensait du moins) un fait matériel appréciable et que, en définitive, rien ne paraissait plus simple et plus facile que de constater s'il avait été fait ou non une « grande opération chirurgicale ». Toutefois la question est loin d'être aussi simple qu'elle peut le paraître, et, quoiqu'elle n'ait pas été souvent portée devant les tribunaux (je dirai dans un instant pourquoi), je puis citer pour preuve des difficultés qu'elle présente un fait judiciaire à propos duquel un des juges d'instruction du tribunal de la Seine, trouvant qu'il y avait intérêt à la résoudre, m'a fait l'honneur de me charger de l'élucider dans les conditions suivantes :

Un sieur X..., gravement malade, avait d'abord eu recours aux soins d'un médecin (1). Cependant, après avoir reconnu la nature de la maladie, qu'il jugea être un kyste de la rate, ce médecin ne voulut pas encourir la responsabilité du traitement chirurgical qui devait être employé pour la combattre, et il se retira en conseillant de faire appel aux lumières et à la compétence spéciale d'un chirurgien. C'est alors que l'on eut recours à un officier de santé, reçu à Paris avec l'autorisation d'exercer dans le département de la Seine. Il diagnostiqua, lui aussi, un kyste de la rate qu'il appela « *traumatique* » et qu'il dit avoir été causé par une chute faite quelques années auparavant. Ses premières visites eurent lieu à la fin d'avril ou au commencement de mai 1876, et, après avoir ordonné pendant quelques jours un traitement purement médical, il se mit en mesure de procéder à l'ouverture du kyste dont il avait reconnu la présence. Pour cela faire, il employa la méthode de Récamier et commença des applications successives de caustique sur la peau qui recouvrait la partie la plus saillante du kyste.

On sait quelle est la lenteur de ce procédé opératoire.

---

(1) C'était, paraît-il, un homœopathe ; mais cela ne fait rien à l'affaire, puisqu'il avait le titre de docteur qui lui donnait le droit d'exercice le plus étendu, sans en exclure aucune opération chirurgicale.

Dans l'espèce, elle fut telle qu'elle ne permit pas d'obtenir le résultat désiré, et qu'un jour, le volume du kyste ayant considérablement augmenté, l'officier de santé, sollicité du reste, dit-il, par son malade d'avoir recours à un procédé plus rapide, se décida à faire la ponction avec un trocart ordinaire de trousse. Cette opération détermina l'issue immédiate d'environ deux litres de liquide sanguinolent d'une odeur fétide, et il s'ensuivit un soulagement immédiat. Mais cette amélioration ne fut pas de longue durée, car le liquide ne tarda pas à se reformer et le kyste à reprendre les mêmes dimensions que précédemment, en même temps que des symptômes plus alarmants se déclaraient.

La première opération avait eu lieu le 26 juin, d'après la déclaration d'un des parents du malade ; en présence de l'aggravation qui la suivit, l'officier de santé communiqua ses inquiétudes à la famille et annonça qu'une seconde ponction devenant nécessaire, il amènerait un chirurgien et un aide pour la pratiquer avec lui. Cette intervention fut acceptée, mais on l'attendit vainement ; l'officier de santé continua ses applications de pâte de Vienne, puis, sans provoquer la venue du chirurgien annoncé, il fit lui-même, et encore seul, une nouvelle ponction, le 29 juin ; il sortit encore une grande quantité de liquide sanguinolent et fétide, et deux heures après le malade succombait dans une syncope.

C'est dans ces conditions que le fait fut signalé au parquet et qu'une instruction fut commencée ; le magistrat qui la dirigeait me fit l'honneur de me commettre, en me chargeant de rechercher si, dans les circonstances de l'affaire dans laquelle M. X... était inculpé d'exercice illégal de la médecine, l'application de la pâte de Vienne et les ponctions faites par l'officier de santé constituaient des opérations « de la grande chirurgie, défendues aux officiers de santé ». Voici quelle fut ma réponse :

Pour déterminer si les opérations dont il s'agit sont de

celles que la loi autorise les officiers de santé à pratiquer seuls et sans l'assistance d'un docteur en médecine ou en chirurgie, il faut établir ce qu'on doit entendre par une « grande opération chirurgicale ». A cet égard, la pensée du législateur est tellement nette et précise qu'il ne reste aucune place à l'hésitation et au doute pour quiconque se reporte à la discussion qui a précédé la loi de ventôse (1). En créant les deux ordres de médecins, on a voulu permettre à des praticiens moins instruits et qui, parconséquent, devraient être plus modestes et surtout moins entreprenants, de venir au secours des populations les plus déshéritées et de leur donner des soins journaliers qu'elles ne pourraient pas demander à un docteur; mais on a recommandé à ces médecins de second ordre de se bien garder de jamais entreprendre une tâche au-dessus de leurs forces et d'avoir soin d'appeler à leur aide un docteur en médecine, toutes les fois qu'ils se trouveraient en présence d'un cas embarrassant ou dont la gravité serait de nature à les inquiéter.

Seulement, comme la loi n'a aucun moyen de distinguer les cas *graves* en médecine, elle n'a pu parler dans son texte que des cas graves en chirurgie, qui sont, eux, faciles à reconnaître à la nature et à l'importance des opérations qu'ils nécessitent pour leur traitement.

Il en résulte que l'officier de santé qui assume seul la responsabilité du traitement médical d'une maladie, si grave soit-elle, ne peut être recherché pour ce fait, quoiqu'il soit certainement répréhensible. Mais il n'en est plus de même lorsque le traitement emprunte ses ressources à l'arsenal de la chirurgie. Dans ce cas, l'opération pratiquée est un fait matériel qui, démontrant la nature et la gravité du mal, permet d'établir si celui qui l'a faite a dépassé la mesure de ses attributions et de ses forces.

(1) Voir les notes des pages 4 et suivantes.

Or, l'importance d'une opération ne se mesure pas seulement à l'étendue des délabrements qu'elle produit, ni à l'abondance de l'écoulement sanguin auquel elle donne lieu. L'opération de la cataracte n'amène aucune effusion de sang, elle se fait avec des instruments d'une ténuité extrême, incapables en apparence de déterminer de graves désordres, et cependant, comme de la plus ou moins grande habileté avec laquelle elle sera pratiquée résultera presque forcément la perte ou la conservation de la vue, personne n'hésite à la ranger au nombre des « grandes opérations chirurgicales » interdites aux simples officiers de santé.

Il en doit être ainsi de la plus simple ponction qui, non par elle-même, mais bien suivant les organes auxquels elle s'adresse, constitue ou une petite opération presque insignifiante, lorsqu'il s'agit d'ouvrir un abcès sous-cutané ou un kyste superficiel, et qui devient une « très-grande » et surtout très-grave opération chirurgicale lorsqu'il s'agit de pénétrer dans des organes importants et profondément situés, comme le foie, la rate, le rein, etc. On a fait la ponction du péricarde et même des membranes qui enveloppent le cerveau : qui donc oserait dire que ces toutes petites piqûres, en raison des dangers auxquels elles peuvent exposer et de la gravité des maladies auxquelles elles s'adressent, ne constituent pas les plus « *grandes opérations chirurgicales* » qui puissent être entreprises?

La ponction même simple, même capillaire, c'est-à-dire opérée avec un des plus fins instruments dont nous disposions, est donc souvent une opération que la loi ne permet pas à l'officier de santé de pratiquer seul. Dans le cas qui nous occupe, il ne s'agit pas d'une simple ponction, mais de quelque chose de bien plus compliqué et de plus grave ; de l'opération nécessitée par le traitement d'un kyste de la rate.

L'ouverture des kystes des organes contenus dans l'abdomen, et plus particulièrement de la rate et du foie, constitue une opération dangereuse entre toutes, parce que, avant de pénétrer dans la cavité formée par le kyste morbide, il faut traverser le péritoine et que l'on se trouve ainsi exposé aux formidables accidents de la péritonite aiguë, qui peut emporter le malade en quelques heures. Ces accidents se sont produits entre les mains les plus habiles; aussi les plus illustres praticiens, appartenant tant à la médecine qu'à la chirurgie, ont-ils tenu à consacrer leur intelligence et leurs soins à rechercher les moyens de perfectionner ou de modifier cette opération si grave, pour nous permettre, sinon d'éviter toujours, au moins d'atténuer dans la mesure du possible, les sérieux dangers auxquels elle expose.

C'est ainsi qu'ont été imaginés les divers et nombreux procédés opératoires dont on trouve la description dans les annales de la science. Ces procédés varient depuis les applications successives de caustique qui constituent la méthode de Récamier, jusqu'à la simple ponction pratiquée d'emblée et rendue plus efficace et plus inoffensive par l'emploi des appareils à aspiration. On discute encore sur la préférence qu'il convient de donner à l'une ou à l'autre de ces diverses méthodes, et l'on reconnaît que, si toutes offrent certains avantages, elles ne sont pas toutes également sûres et que, suivant les cas, il peut, en raison de certaines circonstances particulières au malade, y avoir lieu de choisir l'une plutôt que l'autre. Aussi les médecins les plus expérimentés, ceux dont le nom fait autorité dans la science, hésitent-ils toujours à entreprendre seuls une telle opération et ne le font-ils qu'après s'être entourés de l'avis et des conseils d'un ou de plusieurs de leurs confrères. A cela rien ne les oblige que leur conscience et le sentiment de la lourde responsabilité qu'ils encourraient s'ils agissaient autrement; et ce sont de telles opérations qu'un officier de santé a la témérité d'entreprendre et d'exécuter seul, sous prétexte qu'il ne s'agit que de « simples applications de caustiques ou de ponctions pratiquées avec des trocarts de petite dimension ».

Dans le cas actuel, l'officier de santé était d'autant moins autorisé à agir ainsi, qu'il exerce à Paris où il pouvait trouver immédiatement tous les conseils dont il avait besoin. Il savait que le médecin qui l'avait précédé avait reculé devant la gravité d'une semblable opération. Il était en relations fréquentes avec un chirurgien distingué des hôpitaux, qu'il a entretenu de ce fait, il est vrai, mais sans lui avoir montré le malade, quoiqu'il y fût autorisé par la famille ; aussi notre savant confrère n'a-t-il pu qu'approuver le traitement en principe, mais sans le couvrir de sa responsabilité légale, puisqu'il n'a pas vu le patient.

C'est en vain que l'officier de santé invoquerait l'excuse de l'urgence pour se justifier d'avoir agi seul. L'urgence, qui peut couvrir certaines témérités, s'impose dans les localités isolées, lorsqu'on est loin de tout secours, et non dans un centre populeux comme Paris, où l'on peut trouver à toute heure, à toute minute, le docteur compétent dont les conseils sont indispensables. Elle s'impose lorsqu'il s'agit d'une maladie qui, comme le croup, comme une hémorrhagie foudroyante, comme tout autre accident rapide, peut tuer en quelques instants ; mais elle ne peut être invoquée lorsqu'il s'agit d'une maladie qui dure depuis le 5 mai jusqu'au 29 juin, qui ne nécessite pas de visites quotidiennes, et pour le traitement de laquelle on a recours à des actions chirurgicales qui sont renouvelées une ou deux fois par semaine environ. Car ce n'est pas seulement pour faire chacune de ces ponctions séparées par trois jours d'intervalle, mais bien pour se décider à opérer et faire choix du manuel opératoire auquel il fallait avoir recours, que l'officier de santé devait, dans ce cas particulier, faire appel aux lumières et à la compétence d'un docteur. Dédaignant ces conseils, il a assumé une responsabilité d'autant plus lourde qu'une terminaison fatale a eu lieu et que cette terminaison a suivi immédiatement sa dernière action chirurgicale. La maladie était certainement d'une nature et d'une gravité telles qu'un résultat pareil eût pu se produire entre les mains du chirurgien le plus habile ou sous la direction du médecin le plus expérimenté; mais alors la terminaison fatale n'aurait pu être attribuée qu'à la maladie elle-même, tandis que, dans les conditions dans lesquelles l'officier de de santé a eu le tort de se placer, il peut rester des hésitations et des doutes relativement à la question de savoir si toutes les précautions prescrites par la science ont été rigoureusement prises, si aucun détail important de l'opération n'a été omis ou faussé; et, quoi qu'il dise ou fasse pour se disculper, en raison de la situation illégale où il s'est volontairement placé, ces hésitations et ces doutes ne peuvent manquer de peser lourdement sur lui.

De la discussion qui précède, je me suis trouvé conduit à conclure:

I. Que les opérations nécessitées par le traitement des kystes de la rate ou du foie constituent, quel que soit le procédé opératoire employé, « une des grandes opérations chirurgicales », que la loi défend à l'officier de santé de pratiquer seul et sans l'assistance d'un docteur en médecine ou en chirurgie.

II. Que, dans l'espèce, l'officier de santé a eu d'autant plus grand tort d'agir seul que, prévenu de la gravité de la maladie, il était autorisé par son client à s'entourer de tous les conseils qui pouvaient lui être utiles pour couvrir sa responsabilité.

III. Qu'il a toujours eu le temps nécessaire pour appeler un docteur en consultation, soit avant de pratiquer sa première ponction, soit dans les trois jours qui ont séparé la première ponction de la seconde.

Ces conclusions furent acceptées par le juge d'instruction qui m'avait commis, ainsi que par le procureur de la République, et ces deux magistrats tombèrent d'accord pour reconnaître qu'il y avait bien là une infraction à l'article 29, § 2, de la loi de ventôse, an XI, ainsi conçu : « Les offi-
» ciers de santé ne pourront pratiquer les grandes opéra-
» tions chirurgicales que sous la surveillance et l'inspection
» d'un docteur, dans les lieux où celui-ci est établi. »

Seulement, ils ne purent poursuivre le délinquant, car il ne suffit pas qu'une loi défende une chose pour qu'on soit obligé de tenir compte de cette défense ; il faut encore qu'une peine puisse être appliquée. Or, c'est ce que la loi de ventôse ne permet pas de faire. Elle défend bien à l'offi-cier de santé de pratiquer les grandes opérations chirurgi-cales, en dehors de la surveillance et de l'inspection d'un docteur, mais elle a oublié d'édicter la peine qu'il devra encourir s'il transgresse cette défense. Il en résulte que cette loi devient une lettre morte dont on a parfaitement le droit de ne tenir aucun compte.

Devant ce silence de la loi, l'action publique doit s'arrêter ; ainsi, l'officier de santé ne peut être poursuivi par le parquet lorsqu'il commet le délit d'exercice illégal de la médecine, en pratiquant une des « grandes opérations » qui lui sont interdites. Tout au plus pourrait-on considérer le fait comme une simple contravention et le rendre passible d'une amende fort insignifiante.

Il convient d'ajouter cependant que, à côté de l'action publique rendue impuissante par le silence de la loi, il y a l'action privée, qui est autorisée par le troisième para-graphe de l'article 29, dont voici le texte :

« Dans le cas d'accidents graves arrivés à la suite d'une
» opération exécutée hors de la surveillance et de l'inspec-
» tion prescrite ci-dessus, il y aura recours à indemnité
» contre l'officier de santé qui s'en sera rendu coupable. »

Mais cette action est fort limitée, puisqu'elle ne peut s'exercer qu'en cas d'accident grave. Il faut dire pourtant que, si un tel accident arrive, la situation de l'officier de santé peut devenir assez embarrassante; car il est passible d'une poursuite, alors même que son opération aurait été pratiquée avec toute l'habileté désirable, le fait seul d'avoir agi contrairement aux prescriptions de la loi établissant contre lui une présomption d'autant plus lourde que le résultat aura été plus fâcheux.

D'où il résulte qu'un officier de santé peut être inquiété, et sérieusement inquiété, s'il a fait une opération qui n'a pas réussi, tandis que le succès l'autorise à enfreindre ostensiblement et impunément la loi.

Triste loi que celle qui s'accommode de tels compromis. Elle mérite bien d'être transgressée, comme elle l'est journellement, et puisqu'elle n'est observée dans aucune de ses prescriptions les plus essentielles, il importe, à tous égards, de la reviser de telle sorte qu'elle puisse être enfin appliquée et respectée, soit qu'elle maintienne, soit qu'elle supprime le second ordre de médecins.

Cette révision fondamentale devrait s'étendre en même temps à la loi de germinal relative à l'exercice de la pharmacie, aussi bien qu'à la loi de ventôse relative à l'exercice de la médecine; car il est impossible d'imaginer une série de dispositions législatives plus mal conçues que celles qui ont été édictées en l'an XI et qui ont pour objet l'art de guérir.

Je viens de signaler les principales lacunes de la loi de ventôse sur la médecine; celle de germinal, concernant les pharmaciens, n'est pas moins défectueuse.

Dès les premiers jours qui ont suivi sa promulgation, les magistrats se sont trouvés tellement embarrassés pour l'appliquer, qu'il a fallu faire, au bout de deux ans, une nouvelle loi pour interpréter un de ses articles (1) auquel il manquait aussi une sanction pénale, plus indispensable, paraît-il, que celle dont on aurait besoin pour empêcher les officiers de santé de pratiquer seuls les grandes opérations chirurgicales.

Cette lacune n'était pas la seule.

J'ai déjà eu l'occasion d'en signaler une autre, dans un rapport que l'Association générale des médecins de France m'avait chargé de lui faire, en 1863, sur les inconvénients résultant de *l'exercice simultané de la médecine et de la pharmacie par le même individu.* Après avoir établi que la loi interdit formellement ce cumul, j'ai dû montrer l'impuissance des magistrats à le réprimer, faute d'une sanction pénale (2). L'Association considéra comme un devoir de

(1) *Loi des* 29 *pluviôse et* 9 *ventôse an XIII* (18 *et* 28 *février* 1805), *interprétative de l'article* 36 *de celle du* 21 *germinal, an XI :*

« Ceux qui contreviendront aux dispositions de l'article 36 de la loi
» du 21 germinal an XI, relatif à la police de la pharmacie, seront
» poursuivis par mesure de police correctionnelle et punis d'une amende
» de 25 à 600 francs, et en outre, en cas de récidive, d'une détention
» de trois jours au moins à six jours au plus. »

(2) 1° *Arrêt de la cour d'Orléans, du* 27 *février* 1840 :

« Attendu qu'en se pénétrant du véritable esprit de la loi du 21 ger-
» minal an XI, on y voit que la pensée dominante du législateur a été
» de ne confier le soin de composer et de vendre les remèdes et médi-
» caments qu'à des hommes spéciaux, préparés par des études particu-
» lières et offrant ainsi à la Société toutes les garanties désirables pour
» la santé publique ;

» Que le législateur a voulu aussi séparer le plus complétement qu'il
» était possible l'exercice des deux professions de pharmacien et de mé-
» decin, afin de relever d'autant mieux celle-ci et de la garantir du
» soupçon qui eût pu l'atteindre si on eût placé dans la même main le
» droit de prescrire, de préparer et de vendre des médicaments. »

2° *Arrêt de la cour de cassation, du* 13 *août* 1841 :

« Attendu que l'incompatibilité entre les fonctions d'officier de santé et
» celles de pharmacien n'est pas établie par la loi du 21 germinal an XI ;
» que l'article 27 de cette loi, loin de la consacrer, autorise ce cumul
» pour les bourgs, villages et communes où il n'y aura pas de pharma-

demander alors que l'on fît intervenir une disposition législative, afin de réprimer les inconvénients résultant tant de l'exercice simultané de la médecine et de la pharmacie par le même individu, que de l'association honteuse qui

» cien ; que la prohibition aux officiers de santé d'établir une officine » ouverte doit donc être restreinte à ceux qui n'ont pas subi les épreuves » prescrites par la même loi pour exercer l'état de pharmacien.

» Que si de l'article 32 de la même loi, qui défend aux pharmaciens » de ne livrer les préparations médicinales ou drogues composées quel-» conques que d'après la prescription des docteurs en médecine ou en » chirurgie, ou officiers de santé, il résulte une incompatibilité naturelle » entre les deux fonctions, il n'appartient qu'au législateur de la formuler » en prohibition formelle, et de sanctionner cette prohibition par une » disposition pénale qui n'existe ni dans l'article 37, ni dans l'article » 32 de la même loi.

» Que l'article 36 de cette loi et celle du 29 pluviôse an XIII ne » sont applicables qu'à ceux qui vendent des médicaments sans avoir » rempli les conditions voulues par l'article 16 de la loi précitée, et qui » ne présentent à la société aucune garantie ;

» Et attendu qu'il est constaté par le jugement dénoncé que l'officier » de santé X. a été reçu et assermenté comme pharmacien ; qu'en refu-» sant de lui appliquer aucune peine pour l'ouverture de son officine, » le tribunal de Carpentras n'a violé aucune loi ;

» Par ces motifs, rejette..... »

3° *Extrait d'un jugement du tribunal de la Seine*, dont je n'ai pas trouvé la date, mais qui a été (au moins pour la partie qui va suivre) confirmé par la Cour de Paris, le 3 août 1850 :

» La Cour a dit que, sur ce point, elle adoptait les motifs des pre-» miers juges.

» En ce qui touche le chef de prévention relatif à la distribution des » remèdes sans prescriptions de docteurs ou officiers de santé ;

» Considérant que le 13 mars dernier, date du second délit imputé à » A..., les deux diplômes qu'il avait obtenus successivement ont été re-» vêtus des formalités exigées par la loi ;

» Qu'il résulte nécessairement et implicitement des dispositions de » l'article 27 de la loi du 21 germinal an XI, que les officiers de santé » établis dans les localités où il existe, comme à Paris, des pharmaciens » ayant officine ouverte (fussent-ils d'ailleurs, lesdits officiers de santé, » pourvus d'un diplôme de pharmacien), ne doivent pas exercer simul-» tanément les deux professions d'officier de santé et de pharmacien ;

» Que, néanmoins, il existe une lacune dans la loi, qui ne contient

s'établit trop facilement entre médecins et pharmaciens en vue d'une indigne exploitation (1).

Il n'a pas encore été tenu compte de ce vœu qui a été transmis aux pouvoirs publics il y a bien une quinzaine d'années, et qui avait cependant reçu du ministre compétent l'accueil favorable que l'on faisait alors à tout ce qui était patronné par M. Rayer.

Ce peu d'empressement à satisfaire à une aussi légitime réclamation, portant sur un point de détail, ne montre-t-il pas, comme le faisait si justement remarquer le secrétaire général de l'Association dans son dernier compte rendu, combien il est difficile d'attirer l'attention du gouvernement sur les questions qui intéressent et émeuvent le corps médical, et n'en doit-on pas conclure que, du moment où l'on se décidera à mettre ces questions à l'étude, il ne sera pas plus difficile d'obtenir satisfaction sur tous les points que sur un seul?

C'est pourquoi, toutes les lois qui se rapportent à l'art de guérir étant reconnues surannées et défectueuses, il paraît convenable, non pas de se horner à demander des modifications de détail sur un ou plusieurs points isolés, mais bien de tâcher d'obtenir un remaniement général de l'ensemble de la législation, de façon à former un code complet sur la matière.

Des études sont déjà entreprises dans cette direction par chacune des Sociétés locales dont la réunion forme l'importante Association générale des médecins de France; mais

» aucune disposition prohibitive ou répressive du fait dont il s'agit ; que
» dans ces circonstances, quelque blâmables et répréhensibles qu'aient
» été à cet égard les spéculations et la conduite du prévenu, il n'y a
» lieu à prononcer contre lui aucune condamnation... »

(1) Voyez Gallard, *De l'exercice simultané de la médecine et de la pharmacie*, Rapport approuvé par l'assemblée générale de l'Association de prévoyance et de secours mutuels des médecins de France (*Annuaire de l'Association*. Paris, 1863, t. II, p. 118).

là ces questions doivent être envisagées surtout au point de vue purement professionnel.

Elles présentent aussi un intérêt scientifique, dont la défense incombera plus naturellement aux corps enseignants et aux Sociétés savantes. Si le mouvement se généralise, comme il y a lieu de l'espérer, on peut prévoir de nombreuses et intéressantes discussions dont la réunion formera toute une série de documents importants, sur la valeur desquels l'Académie de médecine, par la position officielle qu'elle occupe dans les conseils du gouvernement, ne peut manquer d'être appelée à donner son avis quand la question devra être portée devant les Assemblées législatives.

C'est pourquoi j'ai cru devoir me permettre de venir développer devant elle les considérations qui précèdent, en m'adressant plus spécialement à celle de ses sections qui, avec l'hygiène et la médecine légale, a, dans ses attributions particulières, ce qui concerne la police médicale.